영재교육의 실제적 전략 시리즈

series editors

Frances A. Karnes & Kristen R. Stephens

교육과정 압축

뛰어난 잠재력을 지닌 학생을 위한 차별화 전략

Curriculum Compacting

An Easy Start to Differentiating for High-Potential Students

Sally M. Reis & Joseph S. Renzulli 지음

이미순 옮김

아카데미프레스

Curriculum Compacting
An Easy Start to Differentiating for High-Potential Students

차 례

역자 서문

우리나라에서 일반적으로 실시하고 있는 영재교육은 정규교육과정과 별도로 이뤄지고 있다. 시간제 집단편성의 한 유형인 풀 아웃(pull-out) 프로그램을 통해서, 영재들은 학교에서 실시하는 정규교육과정이 아닌 특별 심화학습을 일정기간 별도로 받는다. 이상의 특별 심화학습에 참여함으로써, 영재들은 수준 높은 지식과 기술을 획득하고, 창의적인 문제해결력을 증진하며, 의사소통 기술과 자아개념을 증진하는 기회를 갖게 된다. 그러나 풀 아웃 프로그램의 '특별 심화학습' 속성 외에, '별도'라는 속성도 고려해 보아야 한다. 영재들은 1주일에 2~3시간 정도 소속 학교 및 학급이 아닌 곳에서 심화학습을 받는다. 그렇다면 현재 별도의 시간에, 별도의 곳에서 실시하는 심화학습이 영재의 지적 및 사회적 요구를 어느 정도 충족시키고 있는 것인가?

최근 영재는 물론 여러 상이한 학업성취 수준을 나타내는 학생의 요구를 최대한 고려하고자, 정규학급 내에서 교수지도와 교육과정을 수정하는 차별화된 교수(differentiated instruction) 책략에 관심을 기울이고 있다. 다시 말해서, 영재는 물론 일반 학생들이 대부분의 시간을 보내고 있는 학교 내에서 학생의 수준에 적합한 양질의 교육을 받을 수 있도록 하자는 취지이다.

이와 같은 취지에서 교사는 정규교육과정을 지도할 시간도 부족한 상황인데, 어떻게 학생의 요구를 고려하여 차별화된 교수를 전개할 것인지 문제를 제기할 것이다. 이에 대해, Reis와 Renzulli는 교육과정 압축(curriculum compacting)을 소개한다. 교육과정 압축은 정규교육과정의 교육목표를 확인하고, 학생의 완전학습 정도를 파악하여, 이미 습득한 내용을 지루하게 반복하지 않도록 정규교육과정을 압축 및 제거하는 과정을 말한다. 교육과정 압축을 실시하는 목적은 바로 압축과정을 통해서 절약된 시간을 활용하여 교사와 학생들이 보다 도전적이며 흥미진진한 속진 혹은 심화활동을 계획하여 실시할 수 있도록 하는데 있다.

따라서 영재뿐 아니라 일반 학생을 지도하는 교사는 이 책을 통해서, 1) 정규교육과정에 대한 완전학습을 도모하고, 2) 정규교육과정 내에서 도전적인 학습 환경을 조성하고, 3) 심화 및 속진활동을 제공할 수 있는 시간을 확보할 수 있을 것으로 기대한다.

끝으로, 책이 출판될 수 있도록 노력해 주신 아카데미프레스 홍진기 사장님과 편집부 여러분께 진심어린 감사를 드리면서, 책에 어린 정성과 노력만큼 우리나라의 영재교육이 발전하길 기원한다.

2008년 10월

이미순

시리즈 서문

『영재교육의 실제적 전략 시리즈』는 교사, 상담가, 교육행정가, 부모 그리고 그 외에 이 분야에 관심이 있는 사람들에게 영재교육 분야에서 많이 논의되는 다양한 이슈들에 대한 최신 교수 기법과 정보를 제공해 준다. 이 시리즈의 각 권은 영재교육 분야에서 권위 있는 학자들에 의해 많이 논의되는 주제를 중심으로 소개되고 있다. 대표적인 주제는 다음과 같다.

- 영재 학습자들을 가르치기 위한 속진 전략
- 교육과정 압축: 잠재성이 뛰어난 학생들을 변별하기 위한 첫걸음
- 영재 학습자들을 위한 심화 기회
- 영재 학습자들을 위한 개별 연구 활동
- 영재학생들에게 동기 부여하기
- 영재아들을 가르치기 위한 질문 전략
- 사회적 · 정서적 교수 전략
- 영재 학습자들을 위한 매체공학 사용하기

서 론

여러 상이한 학업 성취 수준을 보이는 학생의 요구에 부합하기 위해서 많은 교사들은 "차별화된 교수(differentiated instruction)"라고 하는 다양한 학급 내 교수책략을 적용하고 있다. 차별화는 개별 학생의 요구에 부합하기 위해 학급에서 교수와 교육과정을 수정하여 학습자의 차이를 수렴하는 일종의 시도이다(Tomlinson, 2000). Tomlinson(1995)은 교사가 교육과정을 차별화할 때, 지식을 보급하는 행동을 중단하고 대신 학습 기회를 조직하는 역할을 해야 한다고 강조한다. 교수와 교육과정 차별화를 통해서 학생들에게 도약의 발판이 되는 다양한 유형의 집단 편성과 시간을 계획하고, 난이도 수준이 다양한 자료와 활동을 제공할 수 있다(Tomlinson, 2000).

Renzulli(1977a, 1988; Renzulli & Reis, 1997)는 차별화를 다음의 다섯 가지 차원을 포괄하여 정의한다. 즉 내용(content), 과정(process), 산출물(products), 학급 조직 및 관리(classroom organization and management), 그리고 교사뿐 아니라 학습자의 내부를 변화시

키려는 교사의 노력(commitment)이 그것이다. 내용 차별화는 특정 과목의 지식, 기본적인 원리, 기능적인 개념과 조사 방법의 구조에 초점을 맞춤으로써 교육과정에 깊이를 더한다. 과정 차별화는 여러 교수책략을 적용하고 통합하여 다양한 학생의 학습 스타일을 증진하고 동기를 부여한다. 산출물 차별화는 다양한 방식으로 자신을 표현하도록 권장함으로써 학생의 의사소통 기술을 증진한다. 학급 관리를 차별화하기 위해서 교사는 학급에서 사용하는 물리적 환경과 집단 편성에 변화를 주고 집단 및 개별 학생들에게 시간과 자원을 달리 배정한다. 또한 교사는 인터넷을 창의적으로 활용함으로써 학급 차별화 책략을 매우 증진시킬 수 있다. 마지막으로 운동, 드라마 코치, 무대 및 프로덕션 매니저 혹은 프로모션 기관과 학업 상담자의 역할을 모델로 삼아서 교사는 스스로를 차별화할 수 있다. 교사는 또한 개인적인 흥미, 여행 경험, 수집, 취미 및 기타 내용을 풍부하게 하는 교육과정 외 활동과 연관이 있는 직접, 간접과 대리 경험을 공유하도록 이끌어 주는 과정, 즉 예술적 수정(artistic modification)을 통해서 (Renzulli, 1988) 교육 자료에 교사 자신을 "주입"할 수 있다.

교육과정 압축은 일종의 차별화 책략으로서 내용, 과정, 산출물, 학급 관리와 교사의 노력을 통합하여 개인 및 소집단의 차이를 조정한다. 이상의 접근법은 대부분 내용 영역 내 모든 학년을 지도하는 교사에게 도움이 되며, 모든 학생들로 하여금 높은 성취를 이뤄 내고 자신의 잠재력을 깨닫도록 도움을 주는 보다 도전적인 학습 경험의 필요성을 언급한다.

교육과정 압축: 정의와 실시 단계

교육과정 압축은 높은 잠재력을 지닌 학생들이 보다 도전적이며 흥미로운 활동을 할 수 있도록 그 학년 수준의 교육과정을 간추리는 것이다. 이와 같은 차별화 책략은 특히 어느 교육과정 영역과 학년 수준에서든지 학생에게 적합한 교육과정을 만들어 주려고 고안해 낸 것이다. 절차에는 (1) 특정 단원 혹은 지도하는 단위의 목적과 결과를 정의하고, (2) 학습 결과의 대부분 혹은 특별한 부분을 이미 완전학습한 학생을 결정하고 이를 명시하며, (3) 보다 도전적이고 흥미롭고 학생의 시간을 생산적으로 사용할 수 있도록 교수 선택안을 적용하여 이미 완전학습한 내용에 대해서는 대안적인 책략을 제공하는 것 등이 포함된다.

대부분 교사들은 학생의 개별적인 요구를 충족시켜 주려고 노력한다. 그러나 많은 교사들은 노력을 실제로 옮길 만큼 배경 정보를 가지고 있지 않다. 연구에 의하면, 대부분 재능 있는 학생들은 차별화된 교육과정과 교수를 거의 받지 않고 있으며 많은 시간을 이미 완전학습한 활동을 하느라고 학교에서 지내고 있다(Archambault et al., 1993; Reis et al., 1993; Westberg, Archambault, Dobyns, & Salvin, 1993). 예를 들어, 일부 가장 똑똑한 학생들은 이미 알고 있는 내용을 다시 학습하느라 시간을 보내고 있어 이로 인해 좌절, 지루함과 궁극적으로 미성취를 보일 수도 있다. 교육과정 압축은 정규 교육과정을 압축하고, 그 압축된 시간 동안 학생들이 매우 흥미를 가지고 있는 영역에서 스스로 활동을 선택할 수 있게 하여 학교 활동을 훨씬 즐거운 것으로 만들어 주기 때문에 미성취에 관하여 효과적이다(Baum, Renzulli, & Hébert, 1995; Reis et al., 1993).

압축을 사용하는 대부분 교사들은 학생들을 사전 검사하고, 개별 학생의 흥미 영역에 기초하여 심화 및 속진 선택안을 준비하며, 교육과정을 수정할 때 필요한 기술과 기법을 실제적이고 단계적인 접근법을 통해서 교육과정을 간추리는 것을 배운다. 압축 양식을 사용하는 방법과 기록하는 것 등의 실제적인 문제들 또한 이상의 책략을 실시하도록 교사들을 이끌어 줄 때 필요하다. 일단 교사들이 학생들을 위해 압축하려고 시도하게 되면 이상의 지침은 교사와 학생 모두를 위해 귀중한 학습시간을 절약해 준다.

1975년 이래 교육과정 압축을 현장 검증하고 있다. 실제 모든 학업, 예술 혹은 직업 영역에서 평균 이상의 능력을 가진 개별 및 학생 집단을 대상으로 적용하고 있다. 가장 중요하게도, 연구에 의하면 압축은 반복적인 것을 줄이고, 영재들로 하여금 새로운 수월성 수준에 도달하도록 도전을 주고 있다(Reis et al., 1993). 특히, 너무 쉬운 활동을 간추리고 쉬운 내용을 보다 도전적인 활동으로 대체하는 분명한 방식과 흥미 영역에서 스스로 선택할 기회를 제공해 주기 때문에 압축은 미성취를 보이는 우수한 학생들에게 의미가 많다.

많은 교육자들은 평균 이상의 학생들에게 정규 교육과정을 채택하려고 한다. 그러나 이렇게 해서 얻은 것은 거의 없다. 너무 적은 시간, 너무 많은 교육과정 목표와 빈약한 조직의 구조로 인해 심지어 가장 헌신적인 전문가에게조차 강경한 태도를 취할 수 있다. 이 책은 교사들로 하여금 이상의 장애를 극복하도록 도움을 주고자 기획된 것이다. 초등 및 중등 수준의 교육자를 대상으로, 이 책은 실제적이며 단계적인 접근법을 통해서 교육과정을 간추리고 "압축하는" 방법을 설명할 것이다. 독자들은 학생들을 사전 검사하고 심화 선택안을 준비하는 기법 외에도 교육과정을 수정할 때 필요한 기술을 배울 것이다. 자료를 기록하고 행정적인 지원을 얻는 등의 실제적인 문제들도 수록하였다. 효율적이며 완벽한 이 지침을 통해서 교사와 학생 모두를 위해 귀중한 학급 시간을 절약할 것이다.

교육과정의 정의

교육과정 압축 과정은 [그림 1]의 "컴팩터(compactor)"라는 관리 양식을 사용하여 가장 잘 살펴볼 수 있다. 컴팩터는 조직적인 도구로서 기록을 유지하는 역할을 한다. 대개 교사들은 개별 학생마다 하나의 양식을 혹은 유사한 교육과정에서 강점을 보이는 학생 집단에 대해 한 개의 양식을 완성한다. 완성된 컴팩터는 학생의 학업 파일에 보관하며 정규적으로 업데이트해야 한다. 또한 대략적으로 비슷한 수준에서 활동하는 소집단 학생(예: 읽기 혹은 수학 집단) 그리고 개별화교육계획(Individualized Education Plan, IEP)의 부록으로도 이 양식을 적용할 수 있다.

컴팩터는 다음의 세 가지 난으로 나뉜다.

1. 첫 번째 난은 학습 목표와 이 영역에서의 학생 강점에 대한 정보를 포함한다. 교사는 학습할 특정 단원의 목표와 검사 점수, 행동 프로파일 및 과거 학업 기록을 포함하여 학습 목표에서의

[그림 1] 컴팩터

개별 교육 프로그램 작성 지침
컴팩터(Compactor)

Joseph S. Renzulli
Linda M. Smith

이름: 나이: 교사: 개별 면담 날짜와 IEP 계획에 참여한 사람
학교: 학년: 부모:

교육과정 압축을 고려하는 영역 컴팩터 작성 동안에 다룰 기본적 내용에 대한 간략한 기술과 압축이 필요하다고 생각하는 평가 정보 및 증거	**기본 내용 압축 과정** 기본 교육과정 영역에서 유창성을 보여 줄 만한 활동을 기술	**속진과(혹은) 심화 활동** 각 정규 교육과정 영역에서 심도 있는 수준의 학습 경험을 제공하는 활동을 기술

□ 부가적인 정보 기록이 필요하면 여기에 표시하고 뒷면에 기록

출처: *The Compactor* (pp. 77–78), by J. S. Renzulli and L. H. Smith, 1978, Mansfield Center, CT: Creative Learning Press. Copyright ©1978 by Creative Learning Press. Reprinted with permission.

학생의 유능성에 대한 정보를 열거해야 한다.

2. 두 번째 난에서 교사는 학급에서 배울 기술에 대해 학생들이 이미 알고 있는지 아닌지 미리 평가할 방법을 열거해야 한다. 교사가 선택한 사전 검사 혹은 사전 평가책략과 평가 결과를 두 번째 난에 열거해야 한다. 평가도구는 검사같이 형식적으로 혹은 학급 참여관찰과 쓰기 과제에 기초한 수행 평가같이 비형식적으로도 측정할 수 있다. 지식과 목적에 대한 특수성이 중요하다. 예를 들어, 열 개 목표에서 전반적으로 85% 점수가 나타난다면 그 학습 내용의 어느 부분을 압축할 수 있는지 거의 알 수 없다. 왜냐하면 학생들은 어떤 목표에서는 완전학습이 충분하지 않으나 다른 목표에서는 완전학습이 되어 있을지도 모르기 때문이다.

3. 세 번째 난은 속진 혹은 심화 선택안에 대한 정보를 기록할 때 사용한다. 이상의 선택안을 결정하기 위해 교사는 학생의 개별적인 흥미와 학습 스타일을 고려해야 한다. 교사는 압축한 정규 교육과정 활동을 획일적으로 단지 더 어렵고 앞선 교육 내용으로 대체하지 말아야 한다. 수년간의 연구와 현장 검증을 보면, 교사가 이렇게 했을 때 학생들은 최선을 다해 활동을 한다면 더 많이 그리고 어려운 활동을 받게 될 뿐이라고 생각한다. 대신 이 책은 학생의 흥미를 고려하도록 추천한다. 예를 들어 학생들이 과학대회의 프로젝트 활동을 즐거워한다면, 이 프로젝트 활동을 다른 내용 영역에서 이미 완전학습한 것을 대체할 때 활용할 수 있다. 교사는 대체할 내용의 도전적인 수준을 주의 깊게 모니터해야 한다. 대개 학교에서 접하는 것이 너무

쉬워서 우수한 학생들은 노력과 도전의 속성을 이해하지 못하고 있다. 교사는 흥미진진하고 도전적인 활동으로 압축한 교육내용을 대체하려고 시도해야 한다.

압축 과정을 사용하는 방법

목표와 결과 정의하기

압축 과정의 3단계 중 첫 번째는 주어진 단원 혹은 지도할 부분의 목표와 결과를 정의하는 것으로 이뤄진다. 특정 목표와 결과가 교사 매뉴얼, 교육과정 지침, 범위와 영역 차트에 포함되어 있고, 결과에 기초한 교육 모델과 연계하여 일부 새로운 교육과정 참조틀이 등장하고 있으므로 대부분의 과목에서 이 정보를 쉽게 이용할 수 있다. 이전에 배운 자료에 대한 개관 및 실제와 대비되는 것으로서, 교사는 어떤 것이 새로운 내용 혹은 사고 기술의 획득을 나타내고 있는지 결정하기 위해 이 목표를 조사해야 한다. 출판업자가 마련해 놓은 범위와 계열 차트나 기본적인 계열 내용표를 비교해 보면 새로운 것과 반복적인 내용을 빠르게 살펴볼 수 있다. 이 단계에서 압축 과정의 주된 목적은 교사들로 하여금 개인적으로 프로그램 결정을 내리도록 도움을 주는 데 있다. 즉 더 넓은 전문적인 개발 목표를 통해서 교사들이 지도할 내용을 더 잘 분석하고 교과서 및 사전에 기술해 놓은 교육과정 내용을 더 잘 소비하도록 돕는 것이다.

학생 파악하기

교육과정 압축의 두 번째 단계는 배울 단원이나 교수 부분의 목표 혹은 결과에서 이미 완전학습을 보이는 학생을 파악하는 것이다. 대부분 이 학생들은 정상적인 속도보다 빨리 새로운 내용을 학습할 잠재력을 가지고 있다. 물론 학생을 잘 아는 것이 평가 과정을 시작하는 최선의 방법이다. 표준화된 성취검사들을 통해서 교사들은 특정 교과 영역의 학년 수준에서 1년 혹은 그 이상 앞선 점수를 받는 학생들을 지명해 낼 수 있기 때문에, 이 단계에서 표준화된 성취검사를 일반적인 선발 방법으로 사용할 수 있다.

압축 대상이 된다고 반드시 이 학생이 고려하고 있는 학습 내용의 모든 것을 알고 있는 것은 아니다. 그러므로 압축 대상을 파악하는 데 있어 두 번째 단계는 특정 학습 결과를 평가하기 위해 평가 기법을 활용하는 것과 관련된다. 단원 사전 검사 혹은 단원 말 검사도 기본적인 기술을 평가할 때 적합하다. 사전 검사 결과를 분석함으로써 교사들은 학생의 특정한 유능성을 명시할 수 있고, 부수적인 강화가 필요한 기술에서부터 상위 수준으로 학생을 끌어올리려고 할 때 필요한 교수 활동과 실실석인 내용을 신택힐 수 있다.

기본적인 기술처럼 쉽게 평가할 수 없는 내용 영역이거나 교육 내용을 완전학습하지 않았지만 빨리 그 내용을 받아들일 것으로 판단

되는 학생에 대해서는 이 과정을 약간 수정한다. 첫째, 학생들은 대체 과정의 속성을 포함하여 압축의 목적과 절차를 이해해야 한다. 미성취를 보이는 학생들은 종종 이미 알고 있는 일부 내용(예: 사회 과목 교과서에서 여러 장들이 있는 단원)을 압축할 수 있다고 하면 압축을 일종의 좋은 거래라고 생각한다. 높은 수준에서 완전학습을 증명하는 절차를 일일이 열거해야 한다. 입증하는 절차는 장에 있는 질문에 대답하거나, 에세이를 쓰거나, 표준 단원 말 시험을 보는 것으로 구성할 수 있다. 단원을 마치는 시간의 양을 명시하고, 교사가 살펴볼 수 있도록 주기적으로 진척 보고서 혹은 일지 같은 절차에 대해서도 논의하고 선택해야 한다.

속진과 심화 선택안 제공하기

압축 과정의 마지막 단계는 교사와 학생의 창의성과 협동적인 의사결정에 기초하기 때문에 가장 흥미진진한 교수 면모에 해당되는 것 중 하나이다. 교육과정 압축을 통해서 절약한 시간은 학생을 위한 다양한 심화와 속진 선택안을 제공할 때 사용할 수 있다.

심화책략에는 3부 심화 모델(Enrichment Triad Model; Renzulli, 1977a)에서 볼 수 있는 것들이 포함되며, 새로운 주제와 아이디어를 접하고, 창의적이며 비판적인 사고 활동과 고급 수준의 독립 및 소집단으로 창의적 프로젝트를 추구하는 기회를 제공한다. 압축 과정의 다음과 같은 면들은 또한 교사에게도 자신의 잠재력에 맞게 활동하지 못하는 학생에 대해 멘토의 역할을 하는 창의적인 기회로 비춰져야 한다. 교육과정 압축을 활용할 때 비롯되는 또 다른 흥미로운 결과가 있다. 즉 예전에 똑똑하였지만 미성취를 보이는 일부 학생들이 정규적으로 내주는 과제를 압축하고 "그 절약한" 시간으로 자신이 선택한 흥미를 추구할 수 있다는 것을 깨닫게 될 때, 정규 과제를 완수하려고 하는 학생의 동기가 증가하게 된다. 이를 빗대어 한 학생은 "모든 사람들은 좋은 거래를 이해하지요!"라고 하였다.

재능 있고 높은 잠재력을 가진 학생을 위해 교수와 교육과정을 차별화하는 여러 책략들을 제안하고 있다. 이 책략들은 보다 고급 내용을 위해 정규 내용을 대체하는 것에서부터 독립적인 프로그램 혹은 특별한 내용책략 같은 선택안(예: Great Books 혹은 문학 서클)까지 다양하다. 대부분의 책략들은 압축과 결합해서 혹은 학생의 교육과정이 압축된 후에 대안으로 사용할 수 있다. 또한 보다 높은 학년 수준에 참여하거나 동일한 학급에 있지만, 상급 교육과정 내용을 배우는 내용 속진의 한 형태로 적절히 도전적인 내용을 학습할 수도 있다.

Eileen: 예제 컴팩터 양식

Eileen은 사회경제적 지위가 낮은 도시에 위치한 소규모 학교에 다니는 5학년생이다(Reis, Burns, & Renzulli, 1992). Eileen은 읽기와 언어 점수에서 학년 수준보다 2~5년 정도 높은 반면, 29명의 또래 대부분은 1~2년 정도 학년 수준보다 낮았다. 이것이 Eileen의 교사가 일반적으로 직면한 문제였다. 즉 Eileen을 지도할 최선의 방법은 무엇인가?

교사는 Eileen의 교육과정 압축에 동의하였다. 가능한 가장 쉬운 접근법을 취하면서, 교사는 Holt 기초 국어독본 프로그램 내 모든 단원과 수준 검사를 실시하고, Eileen이 85% 이상의 능숙도를 보이면 그 활동과 학습지를 하지 않게 해 주었다. 만일 하나 혹은 두 개의 질문 사항을 놓치면 교사는 놓친 항목의 경향을 즉시 점검해서 어떤 실수 유형이 있으면 개념 학습을 지도하였다. Eileen은 보통 주당 1일 내지 2일 동안 국어 지도를 받았다. 그 나머지 시간은 Eileen이 선택한 대체학습 활동을 하였다. 이 책략으로 Eileen의 수준 이하에서 이뤄지는 1주일에 6~8시간의 국어 학습시간을 절약하게 되었다. 사전 검사 결과에서 완전히 학습하지 못한 것으로 나타나면 Eileen은 학급 활동에 참여하였다.

절약된 시간에 많은 대체학습을 하였다. 첫째, Eileen은 평균 이상의 능력을 가진 학생을 위한 자료실에서 주 5시간까지 시간을 보냈다. 이 시간은 대개 Eileen의 국어 시간 동안 계획이 잡힌 것으로 Eileen과 교사 모두에게 유익한 것이었다. 다시 말해서, Eileen이 자료실에 가기 때문에 Eileen을 위해 심화 대체안을 찾을 필요가 없고, Eileen은 기본 학습을 놓치지 않고 있었기 때문에 학급에 다시 왔을 때 보충수업을 받지 않아도 되었다. Eileen은 또한 지역 과학 센터를 방문하였다. 과학은 Eileen이 두 번째로 강점을 보이는 영역이고, Interest-A-Lyzer 결과를 볼 때(Renzulli, 1997) Eileen은 유명 여성에 관심이 있었다. 교사와 함께 집중적으로 활동함으로써 Eileen은 과학 분야에서 자주 언급되는 일곱 명의 여성에 관한 전기물을 선택하였다. 이 책들은 모두 도전적이며 쉽게 지역에서 구할 수 있는 것이었다. 이 중 세 권은 심지어 성인 수준의 책이었지만 Eileen은 읽는 데 문제가 없었다.

Eileen의 컴팩터는 전 학기를 다루며 1월 말에 갱신되었다. Eileen의 교사는 교육과정 압축을 통해 많은 시간, 특히 불필요하게 내준 보고서를 채점하느라 들인 시간을 실질적으로 절약할 수 있었다고 하였다. Eileen에 대한 컴팩터의 가치로 교사는 이 과정을 지속해야겠다고 납득하게 되었다.

압축을 실시할 수 있도록 교사 지원하기

교육과정 압축 전문성 개발에서의 경험을 볼 때, 대부분의 교사들은 압축을 실시할 수 있지만 어떤 교사에 비해 일부 교사들은 이 과정을 보다 쉽다고 생각하였다. 일부 교사들은 양식을 보고 위에 있는 간단한 설명을 읽고 시작할 준비를 하는 반면, 어떤 교사들에게는 코칭과 도움이 필요하다. 이상의 이유로 압축에 대해서 Deborah Burns와 함께 저술한 책에 수록해 놓은 8단계를 제시한다(Reis, Burns, & Renzulli, 1992).

단계 1: 교과 영역 및 학년 수준에서 관련 학습 목표를 선택하기. 교육과정 내용과 학습 목표를 선택하기 위해서 교사들은 학군과 주에서 발간한 형식적인 교육과정 지침 혹은 교과서 편찬자들이 제공하는 비형식적인 지침을 사용할 수 있다.

목표를 확인한 후에 교사들은 목표가 학생들에게 적절한지 이에 집중해야 한다. 대개 교육과정 지침이 제시한 목표와 학군이 실제

사용하는 목표는 일치하지 않는다. 목표들이 중복되거나 지나치게 규모가 클 수 있다. 그러므로 교사들은 다음과 같은 질문을 제기해 봐야 한다.

1. 본 목표는 새로운 학습을 어느 정도 나타내는가?
2. 내용 영역에 대한 활용을 증진하는 데 가장 도움이 되는 목표는 무엇인가?
3. 학습 현장에 적용할 수 있는 목표는 무엇인가?
4. 단순히 사실을 기억하는 것과 상치되는, 기술 혹은 개념 개발을 다루는 목표는 무엇인가?
5. 중요하여 우수한 학생들이 이해해야 하는 목표는 무엇인가?
6. 비형식적 혹은 일관적인 지도 없이는 학습할 수 없는 목표는 무엇인가?
7. 학군 혹은 주 교육청이 우선시하는 바를 반영한 목표는 무엇인가?

목표를 선택한 다음에 우선순위별로 목표를 나열해야 한다. 목표의 중요성으로, 전체 학급을 대상으로 할 때는 높은 상위의 목표에 주안점을 두고, 반면에 덜 중요한 목표에 대해서는 교육과정 압축을 고려한다. 학습 목표들은 학생 개개인의 요구를 충족해 줄 수 있을지, 어떻게 충족시킬지에 대해 아무것도 제시하지 못한다. 교사는 학생의 학습 스타일은 물론 주제 문제를 알아야 한다. 교육과정 압축 과정의 두 번째 단계는 교사들이 이상의 평가를 하는 데 도움을 줄 수 있다.

단계 2: 학습 목표를 사전 검사할 적절한 방법을 찾기. 사전 검사는 그 이름처럼, 가르치기 전에 학생의 기술과 재능을 측정하려는 것이 그 의도이다. 사전 검사는 교사에게 다음의 질문에 답변을 할 수 있도록 정확한 정보를 제공해야 한다.

1. 학생들이 이미 달성한 목표는 무엇인가?
2. 학생들이 아직 달성하지 못한 목표는 무엇인가?
3. 학생들의 목표 달성을 방해하는 문제가 있는가?

이와 같이 사전 검사는 학생의 목표 달성 정도—충분하거나 부분적 혹은 부재—를 보여 주어야 한다. 목표 참조 검사는 보통 단답이나 사지선다를 통해 효과적으로 한 번에 한 가지 목표를 평가할 수 있다. 실제적으로 이 필기검사는 많은 학생들에게 실시할 수 있고, 감독과 채점을 하는 데 시간이 적게 들며, 시험지를 쉽게 얻을 수 있기 때문에 교사들의 호응을 얻는다.

목표 참조 검사에 비해 수행 기반 평가는 인기를 얻고 있는 방법이다. 교사 앞에서 학생들에게 말하고 쓰고 조작하는 활동을 하게 함으로써, 학생들이 그 대답에 도달하는 데 사용하는 과정을 관찰하고 평가할 수 있다. 이상의 절차는 특히 지필식 검사에 익숙하지 않은 어린아이들에게 성공적이다. 부모 면담, 학생 면담, 그리고 포트폴리오를 통해서 학생들을 개별적으로 혹은 소집단으로 평가할 수 있다. 목표 참조 검사와 마찬가지로 수행 기초 평가도 사전에 계획해야 한다. 교사들은 시간을 들여 수행검사를 찾고 만들어서 바람직한 학습 목표와의 관련성을 확인해 봐야 한다.

단계 3: 사전 검사할 학생을 파악하기. 세 번째 단계에서 교사는 사전 검사할 학생을 파악한다. 이를 위해 교사들은 다음의 두 가지 이유로 학생의 구체적인 강점을 인식해야 한다. 첫째, 교실에서 하는 정규 활동 대신 심화 활동을 할 때 학생들이 여러 번 정규 활동에 빠지게 된다. 둘째, 학생들이 교실로 돌아왔을 때 보충수업을 받도록 하는 요구 사항을 제거해 준다. 학업 기록, 표준화된 검사, 학급 수행 및 이전 교사의 평가를 사용하여 사전 검사할 학생을 효과적으로 찾을 수 있다. 또 다른 방법으로는 관찰이 있다. 교사는 과제를 빨리 정확하게 끝내고, 또래보다 앞서 읽기 과제를 마치거나 수업 중에 공상에 빠지는 학생을 세밀히 지켜보아야 한다. 교사가 여러 수준의 과제에 대해 질문을 할 때, 어떤 학생들은 하라고 내준 활동이 너무 쉽다고 교사에게 말하는 경우도 있을 것이다.

성취와 적성검사는 학업 능력을 평가하는 중요한 방법이다. 지역, 주 혹은 국가 규준과 학생의 하위 점수를 비교함으로써 평균 이상의 점수를 얻는 학생을 쉽게 찾을 수 있다. 이 학생들은 대개 다른 학생들보다 많이 또 빨리 배우고 학습하기 때문에 사전 검사로부터 혜택을 받을 수 있다. 국가적으로 실시하는 검사를 보면 똑똑한 학생들이 모든 주제 영역에서 뛰어난 것은 아니다. 예를 들어, 수학에서 점수를 잘 받은 학생이 항상 언어에서 같은 능력을 보이지 않을 수 있다. 마찬가지로, 좋은 어휘 기술을 가지고 있는 학생도 항상 읽기 이해에서 최고로 잘하는 것은 아니다.

이는 한 개 이상의 검사를 사용하고 특수한 내용 영역에서 학생의 강점과 약점을 평가하는 도구의 활용이 중요하다는 점을 보여 주는 것이다. 교사는 전체 학업 전망을 가지고 있어야 하며, 또한 이 정보는 압축을 해 줄 학생으로 연계되어야 한다는 것을 기억해야 한다. 다시 말해서, 학생이 어떤 영역에서 잘한다고 해서 이 영역의 학습 목표 모두를 완전학습했음을 뜻하는 것은 아니라는 것이다.

무엇보다도 모든 검사도구는 어느 정도 결함이 있다. 기준 점수(cut-off score)를 정하는 것은 과학적이라고 할 수 없다. 기준 점수로 성취를 측정할 때, "얼마나 높아야 높다고 할 수 있는지"에 대한 논쟁은 여전히 있다. 전반적으로 규준 참조 성취검사의 하위 검사에서 상위 85%에 속하는 학생은 압축을 받을 대상자로 생각해 볼 수 있다. 어떤 교사들은 학급 내 모든 학생들에게 사전 검사를 실시하기로 결정을 내릴 수도 있다. 공통적인 학습 요구를 갖는 학생의 특별 소집단을 조직하는 데 이와 같은 사전 검사 결과를 사용할 수 있다.

단계 4: 완전학습 수준을 결정하기 위해 사전 검사를 실시하기. 사전 검사는 공식적이든 비공식적이든 학습과정에 대한 학생의 완전학습을 결정하도록 도움을 준다. 그러나 완전학습을 구성하는 것은 무엇인가? 완전학습에 대한 정의가 다양한 만큼 같은 학교 내 교사들은 의견 일치를 얻기 위해 노력해야 한다. 어떻게 그리고 언제 학생을 사전 검사할 것인지 결정하는 것은 시간이 집중적으로 소요되는 활동이다.

시간을 절약하는 하나의 방법은 한 번에 검사할 학생 수 혹은 목표 수를 증가시키는 것이다. 예를 들어 수학 교과서 내 한 단원이 열 개의 목표를 다룬다면, 한 장소에서 열 개 목표에 대해 소집단(혹은 학급 전체)을 검사할 수 있다. 만약 소집단 검사가 용이하지 않다면,

교사는 개별 학생에게 동일한 절차를 적용할 수 있다. 어떤 교육자들은 사전 검사를 위해 항상 "시험을 보는 의자"를 준비해 놓으려고 할 수 있지만, 시간을 절약하기 위해 학생들이 직접 검사를 채점하고 기록할 수 있다.

일부 교사들은 수행 기반 검사를 활용하려고 할 것이다. 그렇다면 학습 목표를 어느 정도 알고 있는지 기록하고 사고 유형을 추적하거나 자유 해답식 질문을 제시함으로써 학생을 세밀하게 관찰해야 한다. 예를 들어, 학생에게 설득하는 문장을 작성하는 과제를 내줄 수 있다. 교사들은 내용을 읽고 분석하는 에세이를 만들고 제시해 줄 수 있다. 교사는 또한 학생들이 진정으로 과제를 이해하고, 어떻게 사고를 조직하였는지 알아보기 위해 질문을 할 수 있다. 독해 규칙, 문제 해결 혹은 과학적 기술 처리 같은 능력을 평가할 때 유사한 세션이 도움이 될 수 있다. 이러한 평가를 통해서 대부분의 교사들은 사전 검사를 보충하는 수행 기반 검사의 가치를 발견하게 될 것이다.

사전 검사를 전체 학급에 실시할 수 있다. 교사에게 많은 업무를 부과하겠지만, 모든 학생들이 어떤 영역에서 강점을 보이는지 볼 수 있다. 사실 사전 검사 과정에 모든 사람을 참여시킴으로써 확신감을 북돋우고 학급 내 보다 강한 유대감을 형성할 수 있다. 교사는 학습 목표 매트릭스를 준비하여 검사 결과를 기입하고 필요한 기술에 기초하여 융통적으로 소집단을 구성할 수 있다.

완전학습 정도는 학생마다 다양하다. 학습장애 혹은 시각 및 청각이 손상된 어린 학생들은 문화적으로 다양한 배경에 속한 학생들 및 영어가 제2외국어인 경우와 마찬가지로 또래와 달리 평가해야 한다.

예를 들어, 과학 개념을 매우 잘 이해하는 학생이 있다고 해 보자. 만일 압축 목표가 모든 학생의 잠재적 재능을 개발하는 것이라면, 비록 이 학생이 철자법과 언어 기술이 낮다고 해도 대안적인 학습 활동에 참여할 수 있도록 해 주어야 하지 않는가? 사실, 여러 방법들로 그렇게 할 수 있다.

1. 다른 내용 영역의 수행에서 학년 수준보다 낮더라도 학생이 가장 잘하는 내용 영역을 압축하려고 시도한다. 학생들은 쉬는 시간, 점심시간 혹은 방과 후 시간뿐 아니라 학급에서도 대안 활동을 할 수 있다.
2. 언어 과목을 대부분 다른 과목에 병합하여 언어 과목 시간에 심화 프로그램에 참여하도록 학생을 배정한다. 학급에서 배우는 것과 동일한 학습 활동을 하지 않을지도 모르지만, 학생들은 연구, 문제 해결과 프로젝트를 공유하는 활동을 할 때 기타 언어 과목 기술을 적용할 것이다.

특별한 요구를 가진 학생을 위해 교육과정 압축을 실시한다는 것이 대부분의 교사에게 어려울지도 모르지만, 연구에 의하면 교사 및 학생 모두에게 긍정적인 효과가 있어 압축으로 소요되는 시간을 정당한 것으로 인정하게 된다. 압축 과정에 학생을 참여시킴으로써 자존감을 고무하며, 학습에 대한 긍정적인 태도를 증진하고 장기적으로 성취를 향상시킬 수 있다. 사전 검사를 실시할 때 도움을 주는 많은 자료가 있다.

- 읽기, 수학과 다른 교육과정 전문가들의 도움으로 학습 목표와

학생 강점을 파악할 수 있다.

- 영재 학군 상담자와 교사들도 사전 검사와 압축의 여러 측면에서 도움을 줄 수 있다. 이들이 주는 서비스는 교사가 압축 프로그램을 조직하고 실시하는 특히 초기 몇 년 동안 매우 중요하다.
- 부모 자원봉사자, 보조 및 튜터도 검사를 실시하는 데 도움을 줄 수 있다.

많은 회사들은 또한 특정 대상 학생에게 사전 검사를 실시하고 개별 교수를 제공하는 새로운 컴퓨터 기술을 개발하고 있다.

단계 5: 교육 목표를 완전학습한 학생에게 교수 시간 및 활동을 간추려 주기. 학습 목표를 철저하게 파악한 학생들은 학급 시간에 심화 혹은 속진 활동에 참여하도록 허용해 주어야 한다. 이를 통해서 학생들은 학습 속도 및 능력에 맞는 새롭고 자극이 되는 교육 자료를 접하게 된다.

과정을 살펴보기 위해, 한 단원에서 다섯 개 목표 중 세 개를 완전히 학습하였다면 이 학생은 이 세 개 목표를 다루는 학습 활동에 참여하지 말아야 한다. 교사에 따라서 어떤 학생들은 특별한 학급 세션(예: 월요일과 수요일 어휘력 쌓기 시간)을 빠지는 한편 교과서 어떤 장 혹은 페이지를 건너뛰고 특정 학습 활동을 할 수 있다.

단계 6: 아직 완전히 모든 목표를 성취하지 못하였으나 다른 학생에 비해 빨리 성취할 수 있는 학생을 위해 소집단 혹은 개별화 교수를 제공하기. 압축을 받을 만큼 높은 잠재력을 가지고 있으나 아직 목표를 모두 성취하지 못한 학생을 지도하기 위해 교사는 차별화된 기회를 제공할 수 있다. 이를 통해서 교사는 학급 내에 보다 적은 집단을 구성할 수 있다.

내용 압축은 기술 압축과 다르다. 그 이름이 의미하는 바와 같이, 내용 압축은 이미 완전학습하였거나 일반적으로 적은 시간으로 완전학습할 수 있는 전반적인 과정 내용을 포함한다. 반면에 기술 압축은 학생들이 이미 획득한 특정 기술을 배제한다. 또한 일반적인 지식 과목(예: 사회과목, 과학, 문학)에 대해서 내용 압축을 구안하는 반면, 기술 압축은 수학, 철자법, 문법 및 언어 기제를 위한 것이다.

단계 7: 교육과정이 압축된 학생에게 학업적으로 대안을 제시하기. 교육과정을 압축해 준 학생에게 그 대안 활동으로 속진, 심화 혹은 이 모두를 제공할 수 있다. 단계 7은 교사에게 가장 도전적이며 창의적인 부분이다. 대체 활동으로 가능한 것으로는 다음과 같은 것들이 포함된다:

- 상위 개념에 기초하여 속진 교육과정을 제공
- 보다 도전적인 내용(다른 교과서, 사실 혹은 비사실적 활동)
- 개별 교육과정 요구 및 학습 스타일에 따라 수업 활동을 조정
- 계약(contract) 혹은 관리 계획을 사용하여 개별 및 소집단 프로젝트 시작
- 흥미 및 학습 센터 활용
- 자기 주도적인 학습 혹은 의사결정 기회를 제공
- 연구 주제나 매우 흥미 있는 영역의 미니 과정을 제공
- 깊이 있는 연구를 위한 소규모 세미나 활동을 구성
- 깊이 있게 내용을 배우고 독립 연구를 할 수 있도록 이끌어 주

는 사사를 활용

- 창의적 글 쓰기, 게임 만들기, 창의적 혹은 비평적 훈련과 같은 자기 주도적인 단원 및 과제를 제공

우선 시간, 공간, 자료, 학교 정책, 그리고 다른 교사진의 도움(영재 프로그램 교사 혹은 도서관 매체 전문가) 등의 요인들을 생각한 후에 앞으로 할 대체 활동을 결정해야 한다. 그러나 궁극적으로 학습도전과 학생의 관심이 우선되어야 한다. 만약 능숙함 때문에 흥미있는 것을 할 시간을 버는 것으로 이해할 때, 학생들은 종종 이와 같은 기회를 얻기 위해 활동할 것이다. 교사로서의 역할은 적절한 학업적 도전을 제공하기 위해 학생이 추구할 내용 수준을 높이는 것이다. 부수적인 대체 활동은 단계 8 다음에 제시할 것이다.

단계 8: 교육과정 압축을 받은 학생들을 위한 지도 선택안과 압축 과정에 대한 기록을 보존하기. 차별화된 프로그램에서는 부수적인 기록을 보관해야 한다. 모든 학생들이 동일한 분량과 학습을 받는 정규 학급과 달리, 압축된 교육과정을 제공하는 교사들은 학생들로 하여금 다른 시간에 다른 수준에서 다른 과제를 할 수 있게 해 주어야 한다. 따라서 간략하게 기록을 남겨야 하며, 적절하게 사전에 계획하지 않으면 시간 낭비일 뿐이다. 교사와 행정가들은 어떻게 교육과정 압축 과정을 기록으로 남길지 함께 결정해야 한다. 기록한 문서는 다음의 기본적인 사항을 포함하고 있어야 한다.

1. 시험 점수 혹은 수행을 통해 증명할 수 있는 학생의 강점 영역
2. 완전하게 학습이 이루어졌는지 결정할 때 사용하는 사전 검사

와 배제해 준 학습 목표

3. 추천해 준 심화 활동과 속진 활동

공개적으로 압축 과정을 점검하기 위해 컴팩터 양식을 고안하였다. 영재교육을 위임한 주에서 활동하는 교사들은 컴팩터 양식으로 개별화 교육계획(IEP)을 대체할 수 있으며, 따라서 주에서 기금을 주는 서비스에서 요구하는 업무를 줄일 수 있다. 어떤 방식으로 기록을 보존하든지 간에, 중요한 것은 교사들이 철저하게 압축 과정을 기록하는 것이다. 교사들이 수집한 사실과 수치들을 부모-교사 파일에서 사용할 수 있다. 또한 학생의 영구적인 학업 기록에 포함해 놓을 수도 있다. 제기된 문제에 대해서 사람들은 문서로 작성된 형태에 우호적으로 반응하는 경향이 있으므로, 문제가 "생길" 때 압축에 대한 지원을 얻고자 한다면 이와 같은 문서 정보가 도움이 된다.

교육과정 대안 조사하기

압축에서 가장 도전적인 부분은 압축으로 생긴 시간에 학생들이 무엇을 해야 할지 결정하는 것이다. 교육과정 대안을 결정할 때, 교사들은 먼저 학군에서 이용할 수 있는 모든 심화 활동과 속진 활동의 목록을 작성해야 한다. 다섯 개의 주요 영역으로 활동을 조직할 수 있다.

1. **학급 활동**—개별 혹은 소집단 학습, 정규 교육과정 범위를 단계적으로 확대하기, 미니 과정, 특별 흥미 집단, 클럽, 흥미 개발 센터 및 인지적·정서적 과정을 위한 특별한 레슨
2. **자료실 및 특별반 프로그램**—이것은 위와 같은 활동을 포함하며, 대개는 학급 밖에서 이뤄지고 특별교사가 지도한다.
3. **속진 연구**—월반, 우등생 및 AP 과정(Honors and Advanced Placement), 대학 수업, 여름 혹은 야간 수업, 유치원 및 1학년 조기 입학, 혼합 학년 집단 편성, 연속적으로 진행하는 교육과

정과 특별 세미나

4. 교외 경험 – 인턴십, 멘토십, 직업 연구 프로그램, 연극과 심포니 그룹 같은 지역 프로그램, 예술가의 연수회 및 박물관 프로그램

5. 학군, 학교 혹은 교육부 프로그램 – 위의 과정 외에 통신 과정(correspondence courses)과 독립 연구 프로그램, 특별 상담, 진로 교육과 도서 연구

학급 심화학습 자료

영재 교사 혹은 심화 전문가들은 심화 활동을 위해 더없이 좋은 자원이다. 이들은 대안적인 교수 단원 및 교육 내용에서부터 학생 프로젝트에서 멘토 역할을 담당하는 것까지 지원을 한다. 이들 전문가가 용이하지 않은 교사에게는 사업적으로 판매하는 많은 교육 자료가 있다. 합리적인 가격이면서 질도 좋은 과학 장비, 활동 카드를 모든 연령의 개별 혹은 소집단 학생들에게 활용할 수 있다.

학생 홍미 평가하기

심화 혹은 속진 대체안을 선택할 때 그 핵심이 바로 학생의 홍미이다. 압축이 좋은 이유에 대해 질문을 하였을 때, 학생들은 스스로 연구할 주제를 선택할 자유가 있어 좋았다고 말하였다. 학생이 어떤 영역에서 뛰어날 때, 일반적으로 학생이 이 영역에 특별한 홍미가 있다고 가정하지만 항상 그런 것은 아니다. 종종 부모와 교사로부터 지도를 받거나 보상을 받기 때문에 이 과정에서 잘하는 경우도 있다. 또한 학생들은 다른 영역을 거의 접하지 못하였기 때문에 단지 한 가지 학업 영역에 대해서만 의지할지도 모른다. 예를 들어, 어떤 학생이 수학에서 뛰어나면, 교사는 수학에 대한 홍미를 더욱 증진해 주려고 애를 쓴다. 이렇게 해 주는 가장 좋은 방법은 속진 수학 학습 활동을 제시해 주는 것이다. 만약 학생과 부모가 속진에 동의한다면 계속할 수 있다. 그러나 학생이 오히려 자기 주도적인 프로젝트에서 활동하고자 한다면, 교사는 이러한 바람을 조정해 주려고 노력하는 한편 어떻게 적절한 수준에서 도전을 제공해 줄지 생각해 봐야 한다.

열세 문항으로 이뤄진 Interest-A-Lyzer(Renzulli, 1997) 질문지를 통해서 학생들은 자신의 흥미를 조사하고 집중하도록 도움을 줄 수 있다. 기본적으로 학생들은 일련의 현실 및 가상 상황에 있는 자신을 상상하고 어떻게 반응할 것이지 관련을 짓는다. 이와 같은 검사의 일차적 목적은 사고와 토론을 자극하는 데 있다. 학생들은 자신을 더 잘 알 수 있을뿐더러, 또한 자신이 찾아낸 것을 교사 및 친구들과 공유하는 기회를 갖게 된다.

교사는 학생의 흥미를 북돋우는 데 있어 이중적인 역할을 한다. 일단 교사는 일반적인 흥미 범주를 파악한 후에 이 범주들을 개량하고 집중하며, 그러고 나서 학생들에게 이를 표현할 수 있는 창의적이고 생산적인 출구를 제공해야 한다. 예를 들어, 록 음악을 좋아하는 아이는 음악가가 되려고 할지도 모른다. 그러나 라디오 아나운서나 컨설트 프로듀서같이 학생들이 추구할 수 있는 다른 길도 있다. 교사는 흥미 영역 내에서 학생의 재능과 경향성에 민감해야 하며, 한편 다양한 선택안을 탐색해 보도록 학생을 권장해 주어야 한다.

흥미 센터

흥미 개발 센터를 만드는 것 역시 효과적인 책략이다. 기본적인 기술에 집중하는 전통적인 학습 센터와 달리, 흥미 센터에서 학생들은 청각이 손상된 학생의 교육 및 자전거타기같이 일반적인 영역 내에서 주제를 탐색한다. 그러므로 선반에는 학생들이 스스로 조작하고 활동을 지향하는 도구를 수집해 놓아야 한다. 비디오, 팸플릿, 잡지, 책, 슬라이드와 전시물이 모두 포함된다. 참고 기술만이 아니라 학생들에게 연구 기술을 소개하는 자료도 중요하다. 예를 들어, 자전거타기에 대한 흥미 센터에는 자전거 도로를 만들거나, 공공 자전거 거치대를 만들 때 시의회 허가를 얻거나, 자전거 안전 로데오 거리를 계획하는 방법에 대한 책들이 있다.

일단 센터를 만들려면 교사는 형식적으로 학생들에게 이것을 "알려야" 한다. 필름, 연사 혹은 토론을 이끌어 내는 20분 세션에서 일반적으로 새로운 자료에 대한 학생의 열의를 이끌어 낸다. 모든 학생들이 흥미 센터 주제를 탐색하려고 하지 않을 것이지만, 여러 센터를 학기 중에 만들어 놓으면 대부분의 학생들은 최소한 한 활동을 탐색하게 된다. 학생의 흥미 도구 결과를 재평가함으로써 교사는 대부분의 학생이 흥미를 갖는 프로젝트를 시작할 수 있다.

그러나 아마 가장 결정적인 성공 요건은 교사의 태도일 것이다. 만일 활동을 마친 학생만이 센터를 사용할 수 있도록 한다면, 어떤 학생들은 센터 활동을 기술 개발과 같은 것으로 잘못 생각할지도 모른다. 반면에 모든 학생들이 센터 프로젝트를 즐길 수 있는 시간을 배정해 놓는 교사는 탐색과 창의적인 활동이 교과서 및 활동지 과제만큼 중요하다는 것을 전달할 수 있다. 학생들로 하여금 위험을 감수하고 정보를 수집하도록 격려함으로써 독립적인 학습을 좋아하도록 이들의 행동을 강화해 줄 수 있다.

교육과정 압축에 대한 연구

코네티컷 대학의 국립 영재교육연구소는 여러 학군의 학생을 대상으로 교육과정 압축의 활용에 관한 조사 연구를 실시하였다(NRC/GT; Reis et al., 1992). 미국 전역 27개 학군의 2~6학년을 담당하고 있는 465명의 교사가 연구에 참여하였다. 교사를 무선적으로 처치집단(압축 실시) 혹은 통제집단(정상적인 지도 활동을 지속)에 배정하였다. 처치집단과 통제집단 교사들에게 교육과정 압축을 받을 만한 한두 명의 학생을 지목해 보도록 요청하였고, 처치집단과 통제집단의 학생 참여자들에게 상급 수준의 Iowa Tests of Basic Skills(ITBS) 검사를 처치 전후에 실시하였다. 우수한 학생의 성취를 측정할 때 자주 직면하게 되는 최고조의 천정 효과(ceiling effect)를 보상하기 위해 다음 학년 수준 검사를 사용하였다.

이 연구에서 가장 중요한 결과는 more-for-less 현상으로 기술할 수 있다. 대략 40~50%의 전통적인 학급 교육 내용이 한 개 혹은 그 이상의 내용 영역에서 압축되었다. 교사들이 대상 학생에 대해 정규

교육과정 활동과 내용의 50% 정도를 제거하였을 때, 수학 개념, 수학 계산, 사회과목과 맞춤법에서 처치집단과 통제집단 사이의 사후 성취 점수에서 차이가 나타나지 않았다. 과학에서 실제 교육과정의 40~50%가 제거된 학생이 오히려 통제집단에 있는 또래보다 사후 과학 성취검사에서 유의하게 점수가 높았다. 마찬가지로, 특히 수학에서 교육과정이 압축된 학생의 경우 사후 수학 개념에서 통제집단에 있는 또래보다 유의하게 점수가 높았다. 이상의 결과는 표준 성취 평가에서 점수를 올려 주는 압축의 효과를 보여 주는 것이다. 대안 활동과 관련하여 자료를 분석하였을 때, 또한 학생들은 대안 활동이 표준 교육 내용보다 도전적이라고 생각하였다.

좌절을 경험하더라도 대부분의 교사들은 교사가 선택한 학생에 대해서 교육과정 압축을 실시하였다. 우수한 학생을 위해 무엇을 대체해 줄 것인지 알고자 할 때 경험이 부족하고, 개인차를 충족시키는 방법을 계획할 시간이 제약을 받으며, 다양한 학생 집단에게 다른 주제를 지도하는 방법이 부족하다는 점이 교사들에게 도전이 되었다. 또한 어떤 교사들은 대체 활동을 실시하기 위해 필요한 교원 지원(읽기와 수학 전문가, 영재 프로그램 교원), 학급 관리와 관련하여 기타 관심이 부족하다는 점을 지적하였다.

한편 교육과정 압축은 우수한 학생의 요구를 정규학급에서 충족시켜 주기 위해 필요한 과정이지만, 교사들의 편에서 시간, 노력과 계획이 요구된다고 할 수 있다. 특히 가난으로 인해 위험한 처지에 놓여 있는 학생들을 지도하는 도시 교사들은 압축으로 인해 상이한 유형의 노력, 주로 결손과 교정교육을 강조하는 상황에서 대체할 만한 교육 자료를 찾아내는 일을 하게 된다. 교육과정 압축을 적용하는 지지적인 학교환경을 창출하는 데 여러 요인이 관련된다. 즉, 행정적인 지원과 권고, 정규 교육과정을 대체하기 위해 이용할 수 있는 교육 내용과 자원, 이용 가능한 지침과 코칭, 그리고 교사 전문성에 압축을 접목하는 방법에 대한 쉽고 반영적인 실제들이 그것이다.

추후 연구에서(Reis et al., 1993), 연구에 참여한 상당수의 교사들이 교육과정 압축을 다른 학생에게–대개 영재 프로그램에 판별되어 프로그램에 참여하지 않는–확장할 수 있음을 보여 주었다. 이상의 결과는 이전에 제안한 바와 같이(Renzulli & Reis, 1991), 우수한 학생에게 적용하는 영재교육 교수법을 보다 많은 학생에게 확대할 수 있으며 차별화 서비스를 보다 많은 학생들에게 확대할 필요가 있음을 나타내는 것이다(Renzulli & Reis, 1997).

추후연구에서(Reis et al., 1993) 교사들에게 미성취를 보이지만 재능이 있는 여러 학생들에게 체계적인 중재책으로서 학생의 흥미에 기초하여 교육과정 압축과 스스로 선택하는 3부 심화 프로젝트(Renzulli, 1977a)를 활용하는지 질문하였다. 이 연구에서 미성취는 대부분의 학생들에게서 반전되었다. 이와 같은 반전을 이끌어 내기 위해 압축과 흥미 프로젝트(Renzulli)를 활용할 때, 특히 학생의 강점과 흥미에 초점을 맞추었다(Baum, Renzulli, & Hébert, 1995).

성공적으로 압축을 실시한 교사들의 조언

연구에 의하면(Reis et al., 1993) 압축을 사용할 때 대부분 성공을 한 교사들은 다음과 같은 책략을 실시하였다.

첫째, 공동의 유대를 나누는 동료 혹은 동료들과 함께 작업하였다. 교사들은 자신의 교수 실제를 증진하고자 하였으며 도움과 지원을 서로서로 요청하는 데 두려워하지 않았다.

둘째, 전체 학급이 아니라 소집단 학생으로 시작하였다. 성공을 거둔 교사들은 압축 과정에서 시간과 조직화하는 것이 필요하다는 것을 이해하고 정말 압축 과정이 필요한 학생 집단과 활동을 하였다. 교사들은 모든 학생에게 압축을 실시하지 않음으로써 압축 시작에서 너무 많은 것을 하려고 시도하였다면 직면하게 되었을 스트레스와 도전을 줄일 수 있었다.

셋째, 교사들은 만날 수 있는 사람들, 학군 내용 상담자와 서로 도움을 요청하였다. 성공을 거둔 학군에서 교사들은 어떻게 사전 검사와 평가를 실시하는지 서로 질문을 하였다. 교사들은 관리와 대안에 대한 책략을 공유하고 각자의 학급을 방문하였다. 이상의 모델링과 성공담을 서로 공유함으로써 성공적으로 압축을 실시할 수 있었다.

넷째, 또한 교사들은 피아노 악보를 연습하는 초보자처럼 계속하여 압축 영역에서 자신의 활동을 시도하고 반성함으로써 발전할 수 있었다. 계속 활동을 잘하고 있는 교사들은 가장 잘 운영되는 것이 무엇이고 어떻게 현재 실제들을 확대하고 이 실제를 증진할 것인지 동료와 교섭 단체에게 질문을 하였다. 활동한 바를 반성함으로써 교사들은 자신이 시도한 것을 수정하고 변화를 줄 수 있었고 계속적으로 발전할 수 있었다. 대부분 성공을 거둔 학교에서 교사들은 교섭 단체와 함께 활동할 시간, 교육과정을 대체할 때 소요되는 내용 기금을 받으며 서로의 학습에서 직접적으로 모델링할 때 방문하고 관찰할 수 있도록 보조 선생님이 있었다.

요 약

오늘날 학교가 당면한 대부분의 변화는 모든 학생들에게 동일하게 제공하는 폭넓은 범위의 기법들을 조사하도록 요청하고 있다. 교육과정 압축은 그중 한 가지 과정이다. 교육과정 압축은 특정 내용 영역이나 학년 수준에 매여 있는 것이 아니라 학교 혹은 교육과정의 개혁을 위한 특별한 접근법과 같은 것이다. 오히려 압축 과정은 학교의 조직적인 계획 및 교육과정 참조틀에 적용 가능한 것이며, 빠르게 변화하는 접근법의 맥락 내에서 일반 교육에 충분히 적용할 수 있을 정도로 융통적이다. 이 책에서 기술한 연구와 실제적인 경험들은 몇 년 동안 현장 검증하였으며, 도시 지역과 문화적으로 다양한 배경이 많은 학교에서 압축 과정을 정련하여 교사와 학생 모두, 특히 미성취의 위험에 처할 수도 있는 재능 있는 학생을 위해 압축 과정이 갖는 긍정적인 이점을 보여 주고 있다.

어느 혁신처럼 교육과정 압축도 교사들의 시간, 노력과 수용을 요한다. 그러나 우리가 연구하였던, 효과적으로 압축을 실시한 교육자들은 일반적인 교수 실제보다 압축이 더 시간이 걸리는 것은 아니라고 하였다. 보다 중요한 것은 모든 학생에게 주는 이점을 볼 때 노력할 만한 가치가 있다는 것이다. 아래 교사의 한마디는 압축 연구에 참여한 대부분 교사의 태도를 보여 주는 것이다. “학생들이 압축 과정에 대해 얼마나 열정이 있고 받아들였는지 보자마자, 나는 모든 학급에서 이 방법을 실시하려고 노력을 기울이기 시작하였다.”

교육과정 압축에 대해 자주 제기되는 질문과 대답

Q. 압축을 시작하기 전에 무엇이 필요한가?

A. 효과적으로 압축을 하기 위해서, (1) 교육과정 목표에 대한 분명한 이해와 (2) 목표를 이미 완전학습한 학생 혹은 적은 시간으로 완전학습이 가능한 학생에 대한 지식을 가지고 있어야 한다. 또한 압축 그 자체에 대한 얼마간의 배경 정보와 사용하려고 계획하고 있는 사전 검사도구에 대한 아이디어, 대안 활동에 대한 정보를 가지고 있는 것도 도움이 된다. *Curriculum Compacting: The Complete Guide to Modifying the Regular Curriculum for High Ability Students*(Reis, Burns, & Renzulli, 1992)는 이 주제를 보다 깊이 있게 다루고 있으며, Creative Learning Press, P. O. Box 320, Mansfield Center, CT 06250에서 구매가 가능하다. 부가적으로 Sally Reis가 실시하는 1시간용 위성교육 비디오도 코네티컷 대학 국립 영재교육연구소에서 이용할 수 있다.

Q. 초기에 어떤 유형의 교원 개발이 필요한가?

A. 교사와 교원은 우선 압축에 대해 전반적인 개관을 가지고 있어야 한다. 이러한 목적을 위해서 Creative Learning Press에서 특별히 비디오테이프를 제작하였으며, 또한 *It's About Time: Inservice Strategies for Curriculum Compacting*(Starko, 1986)라는 저서가 있다. 모든 사람들이 압축을 지향하게 되면 교육 목적, 사전 검사 방법과 압축 과정에서 기타 중요한 요소를 결정하기 위해 서로 만나야 한다. 부수적으로 교사들은 교육과정을 성공적으로 압축한 다른 교사를 학급 상황에서 관찰해야 한다.

Q. 영재와 활동하는 교사의 도움 없이 학급 교사들은 교육과정을 압축할 수 있는가?

A. 그렇다! 사실 압축 과정을 실시하는 일차적인 책임은 학급 교사에게 있다. 그러나 영재 교사를 이용할 수 있다면 정규 교육과정 교육 내용 수준에 도전성을 부여하거나 심화 자원을 알선해 줌으로써 활동을 쉽게 할 수 있다.

Q. 행정적 지원은 무엇인가? 압축에 대한 결정을 행정가에게 말해야 하는가?

A. 절대적으로 그렇다. 대부분 행정가들은 지지적이다. 그러나 압축은 혁신적이기 때문에 본질적으로 시작하기 전에 서로 의논을 해야 한다. 의논을 함으로써 행정가는 다른 교사들이 신속하게

참여하도록 요청할지 모른다.

Q. 자녀의 교육과정을 압축하였을 때 이를 부모에게 알려야 하는가?

A. 부모들이 압축에 적극적인 동반자가 되기를 바라며, 그래서 일단 압축이 시작되면 알려 줄 것을 제안하는 바이다. 간단한 통신문을 통해서 압축 과정을 소개하는 것이 가장 좋은 방법이다. 예를 들어, 부모는 압축으로 인해 자녀가 집으로 가지고 오는 과제의 양이나 유형이 달라질 수 있음을 이해해야 한다.

Q. 학급에서 압축에 대해 말해 주어야 할 것은 무엇인가?

A. 모든 학생들에게 간단한 말로 압축을 설명해 주어야 한다. 학생들이 알고 있는 것을 검사해서 이미 완전히 학습한 학생에게는 흥미진진한 학습 활동을 마련해 두었다는 것을 사전 검사에서 언급해 주어야 한다. 또한 학생들이 대안 활동을 하는 동안 어떻게 행동해야 하는지 규칙에 대해 미리 전달해 주어야 한다. 두 가지 규칙으로는 가능한 한 조용하게 활동하는 것과 나머지 학급 친구를 교사가 지도하고 있을 때 교사를 방해하지 말아야 한다는 것을 포함할 수 있다.

Q. 어느 학년 수준에서 압축을 도입해야 하는가?

A. 압축을 시작하는 이상적인 시기는 학생들이 학교에 들어오자 마자이다. 압축 과정을 유치원에서 시작하였을 때, 유아들은 스스

로 시간을 독립적이고 적절하게 사용해서 학습하며 보다 적합한 심화 활동을 선택하는 것을 볼 수 있다. 유사하게 대개 중 · 고등학교보다는 초등학교 학급에서 압축을 실시하는 것이 보다 쉽다. 일반적으로 초등학교 교사는 보다 많은 시간 동안 한 과목 영역 이상에서 학생이 수행하는 바를 지켜본다. 반면에 중 · 고등학교 교사는 하루에 한 번 50분 수업에서 학생을 만나 지도하게 되기 때문에 학생 관찰 면에서 교사들에게 보다 많은 도전을 안겨 주게 된다.

Q. 압축하기에 가장 덜 어려운 과목 영역은 무엇인가?

A. 대개 맞춤법, 수학과 문법같이 계열적인 교육과정 조직을 갖춘 기술 영역이 압축하기에 가장 덜 어렵다. 일단 압축 과정에 익숙해지면 어느 과목 영역이든 압축할 수 있다. 심지어 예술과 음악에서도 훌륭하게 압축을 할 수 있음을 보고한 교사도 있다.

Q. 만일 과정 쓰기를 지도하거나 총체적인 언어 접근법을 사용한다면 압축이 불필요하다고 가정할 수 있는가?

A. 아니다. 과정 쓰기에 있어 그 학년에 대한 쓰기 목표를 완전학습한 학생도 다른 경우에서처럼 또 다른 난이도 단계로 옮아가지 말아야 한다. 대신 학생들에게 심화 과제나 스스로 선택한 프로젝트를 추구할 수 있도록 해 주어야 한다. 총체적인 언어 접근법에도 같은 것이 적용된다. 예를 들어, 학생들이 학습 목표를 완전히 학습하였다고 그 학년 수준에 배정된 시간을 책으로 대체하는

것은 최선의 선택안이 아니다. 도전적이며 학생의 흥미가 제시한 대안에서 열쇠가 되어야 한다.

Q. 시간 주기별(예를 들어, 모든 시간) 혹은 교수 단원별로 압축하는 것이 좋은가?

A. 교수 단원별로 압축하는 것이 좋다. "단원"은 일반적으로 주제, 시기별 혹은 일련의 학업 목표에 따라 나타나는 교수 시기를 말한다. 예를 들어, *Johnny Tremaine*에 대한 6학년 단원을 압축하기 위해, 교사는 그 소설을 읽었거나 혹은 또래보다 빨리 학습 목표를 읽고 완전학습할 학생을 위해서 교육과정을 수정할 것이다. 초등학교 수준에서 교사는 12 이상의 수로 나누는 나눗셈 같은 기본적인 교수 기술 단원을 압축한다.

Q. 학생들이 스스로 선택한 프로젝트를 하는 마지막 두 달을 남겨 둘 수 있도록 전 학기를 압축할 것인가, 아니면 1주일에 1시간 반을 압축하여 그 나머지 시간에 대안 활동을 하도록 할 것인가?

A. 대부분 교사들은 1주일에 2일 혹은 3일 압축하는 것을 선호하며, 1일이나 2일 혹은 심화 활동을 위해 짧은 단위 시간을 남겨 놓는다. 한 학기를 압축할 때, 두 달 꼬박 심화 선택안으로 계획하려면 엄청난 시간과 에너지가 필요하다.

Q. 우수한 능력을 가진 학생을 위해 압축을 하고 학급을 벗어나서 대안 활동을 하도록 한다면 전체 학급 토론의 질이 낮아지지 않겠는가?

A. 대부분 교사들은 이와 같은 우려를 나타낸다. 그러나 또한 덜 우수한 학생들이 때로는 똑똑한 학생이 있어서 기가 죽는다는 점도 기억해야 한다. 결론적으로 토론에 크게 영향을 미치지 않을 것이다. 이 문제를 해결하기 위해 교사들은 영재가 있는 교실 수업과 없는 수업을 시도할 수 있다. 만일 토론이 우수한 학생이 있을 때 보다 잘 진행된다면 우수한 학생을 포함하는 것이 바람직할 것이다.

Q. 영재 프로그램을 받지 않는 학생도 압축의 이점을 얻을 수 있는가?

A. 매우 그렇다. 현장 검증에 의하면 많은 보통 학생들도 한두 과목 영역에서 교육과정 압축으로 인해 혜택을 본다. 압축 과정은 실제 교육과정을 "침묵화(dumbing down)"시키는 것을 반전하는 데 도움을 주어, 압축된 시간 동안 학급에 들여온 심화 교육과정처럼 모든 학생들에게 이득이 된다.

Q. 보다 낮은 능력을 가진 학생도 심화 기회에 참여할 수 있는가?

A. 능력에 상관없이 모든 학생들에게 심화 기회를 즐길 시간을 주어야 한다. 사람들은 모든 학생들이 사실 대안적 활동이 제공하는 문제 해결, 창의적인 사고 기술과 과정 훈련의 기타 여러 면들을 학습해야 한다는 점에 동의할 것이다(Karnes & Bean, 2004). 교사는 금요일 오후처럼 이상의 활동을 할 수 있도록 특별한 시간을 계획해야 한다.

Q. 미성취를 보이는 학생을 위해서도 교육과정을 압축해야 하는가?

A. 미성취를 보이는 학생들에게도 압축을 고려해야 한다. 미성취를 보이는 학생들은 대개 정규 교육과정을 지루해하는 똑똑한 학생들이다. 많은 예들에서 학생들은 또래보다 앞서서 레슨을 마치면 똑같은 활동을 더 받게 된다고 생각한다. 사례 연구에 의하면 압축은 이러한 비생산적인 사이클을 깰 수 있다. 미성취를 보이는 학생에게 단지 과잉의 활동보다는 오히려 도전적인 활동을 줌으로써 성취를 잘 할 수 있도록 유인 동기를 제공하게 된다.

Q. 교육과정을 압축하였을 때 어떻게 평가할 것인가?

A. 압축한 정규 교육과정에 대해 점수를 매겨야 한다. 우리의 의견상 점수 매기기는 과목 영역에서 소비한 시간이 아니라 내용에 대한 완전학습을 반영해야 하는 것이다. 그러나 독립 연구로 대체하였을 때, 이를 점수로 매겨야 한다고 생각하지 않는다. 우리가 선호하는 것은 완수한 활동에 대해 얼마간의 질적이며 총체적인 평가를 제공하는 것이다. 주의: 만일 학생들이 현명하게 대안 활동을 하는 데 시간을 사용하지 않는다면 학생들과 이 문제에 대해 논의를 해야 한다. 압축의 개념에 대해 반복해서 말해 주고, 만일 행동이 변화하지 않는다면 다음 단계가 무엇인지 설명해 준다(예를 들어, 부모 면담). 압축은 대부분 학생을 위한 혁신적인 교육적 출발점을 나타내며 이것을 조정하려면 시간이 걸린다.

Q. 압축을 보다 쉽게 하려면 물리적인 학습 공간을 다시 조직하는 방법이 있는가?

A. 그렇다! "학생 공간"과 홍미 센터를 만들어 독립 연구 혹은 자유롭게 책을 읽을 두세 개의 의자가 있는 책상을 구성해 줄 수 있다. 작고 안락한 도서관 구석이나 특별한 학습 및 홍미 센터도 만들 수 있다.

Q. 압축을 실시하는 데 비용이 얼마나 드는가?

A. 압축을 촉진하기 위해서 부수적인 자원이 필요할 것이다. 능숙도를 측정하기 위해 사전 검사와 기타 도구를 주문해야 할 것이다. 그리고 영재 전문가가 용이하지 않다면 대신 영재 전문가를 위해 학급 내 활동을 여러분이 계획해야 할 것이다. 시작할 때 800달러 정도의 적은 기금과 건물당 200달러의 매년 예산으로 심화 자료를 갖춘 도서관을 시작하고 유지할 수 있다. 심화 자료를 필요할 때 학급에 대출해 줄 수 있다.

더 읽을거리

언어예술 관련 웹사이트

Just For Kids: Gifted Child Recommended Reading List

http://www.just-for-kids.com/gifted.html

이 사이트는 독특하게 책을 읽는 데 흥미와 요구를 가진 학생들에게 초점을 맞춘다. 특히, 어리지만(7~10세) 높은 수준의 책을 읽는 학생을 위해 심리적·발달적으로 적절한 책의 목록을 광범위하게 제시해 놓았다. 저자는 여덟 가지 범주, 즉 그림책, 장으로 구분되어 있는 책, 시간을 초월한 판타지, 고전 이야기, 현대 허구물 1, 현대 허구물 2, 서사적 판타지와 비허구물로 제안점을 조직해 놓았다.

EDSITEment

http://edsitement.neh.gov

EDSITEment는 문학, 역사, 외국어와 예술 이야기에 관한 많은 사이트를 소개하고 있다. National Endowment for the Humanities에서 개발한 개관 과정을 사용하여 이 사이트를 선정하였으므로, 이 사이트는 인문과학 학습과 연구에서 볼 수 있는 훌륭한 사이트 중의 하나라고 할 수 있다. 폭넓은 문학 범위하에 25개 이상의 링크가 여러 다양한 문학 주제, 미국 시 프로젝트

(American Verse Project, 1920년대 이전 미국 시인에 관한 전자 문서), Mark Twain과 그 당시(Mark Twain이 살았던 시대와 이 저자에 대한 광범위한 자료), 대통령 연설문(Presidential Speeches, 미국 대통령의 문서 자료)와 빅토리아 시대의 여성 작가 프로젝트〔Victorian Women Writers Project(19세기 영국 문학을 공부하는 학생을 위한 교과서와 정황)〕를 포함해 놓았다.

American Library Association's Book Links

http://www.ala.org/Content/NavigationMenu/Products_and_Publications/Periodicals/Book_Links/Book_Links.htm

이 웹사이트는 수준 높은 독서를 하는 학생 및 작가를 포함하여 모든 학생들에게 심도 있게 스스로 선택한 주제를 탐색하는 기회를 제공한다. 어릴 적부터 독서에 관심이 있는 독자들은 자신이 좋아하는 작가나 삽화가에 대해 저자 연구를 하고 싶어 할지 모른다. 교사, 도서관 사서와 매체 전문가를 위해 기획한 잡지인 *Book Links*는 저자 이야기와 유사한 주제, 전기물, 반성적인 개관 및 학생들을 지도하는 사람에게 유용한 기타 특징이 될 것에 관한 책을 연결해 주는 에세이를 발간한다. 여러 웹사이트는 새로운 작가와 삽화가를 소개하고 이용자들에게 소개한 저자 외에도 책들을 찾아보도록 초대한다. 어떤 것들은 학생들에게 선정해 놓은 작가와 직접 의사소통하는 기회를 제공하기도 한다.

National Counsel of Teachers of English(NCTE)

http://www.ncte.org

NCTE 홈페이지는 조직 자체에 대한 정보뿐 아니라 교육과정에 대한 정보와 아이디어를 제공하는 정보 센터 링크를 포함하여 초등, 중등 및 고등학교 교사를 위한 자료를 제공한다.

International Reading Association(IRA)

http://www.reading.org

이 사이트는 여러 다양한 문서를 수록하고 있다. 첫째는 IRA의 아동 독서 권리(Children's Reading Rights)가 있고, 둘째는 영문학의 국립 기준을 담고 있다. 셋째는 "최고의 책"이라고 하는 세 가지 목록이 있다. 즉 교사들의 선택(Teacher's Choices, 1999-25권 이상의 책에 대해 주석을 달아 놓은 목록), 젊은이들의 선택(Young Adults' Choices, 1999-주석을 달아 놓은 30권 이상의 책), 그리고 아동의 선택(Children's Choices, 1999-초보, 기본, 중급 및 고급 수준의 학생별로 나누고, 주석을 달아 놓은 70권 이상의 책) 목록이 있다.

The Center for the Improvement of Early Reading Achievement(CIERA)
http://www.ciera.org/index.html

이 사이트에는 초기 문자 획득에 대한 자유 정보와 독서 지도에 대한 효과적인 책략이 수록되어 있다. CIERA의 발행물은 문학 분야에서 국가 수준의 주도적인 연구자의 현재 생각에 관한 통찰을 제시한다. 이 사이트는 또한 광범위한 문학 관련 사이트에 연계할 수 있도록 링크를 수록해 놓았다.

Bibliotherapy
http://www.ci.eugene.or.us/Library/Staffref/therapy.htm

독서치료는 아동용 책을 사용하여 개인적인 문제를 이해하고 해결하도록 돕는다. 특히 플롯에서 등장인물뿐 아니라 자신에게 주는 내용의 시사점을 찾아낼 수 있는 독자에게 효과적인 기법이다. 이 웹사이트는 여러 문제를 가진 모든 연령의 아동에게 도움을 주는 책 목록을 제공한다.

Author Studies for Primary Grades(1-3) Language Arts
http://edservices.aea7.k12.ia.us/edtech/teacherpages/djjwolf

저학년 학생들도 이 사이트를 통해서 새로운 아동용 도서 저자와 삽화가의 특징, 이야기를 탐색하고 읽기와 쓰기 간의 관계를 탐색할 수 있다. 이 사이트는 시각 및 언어적으로 영재성이 있는 학생을 위해 기획한 직접 활동 외에도 여러 저자에 대한 전기와 연락 정보를 제공한다.

수학과 과학 관련 웹사이트

Eisenhower National Clearinghouse(ENC)

http://enc.org

ENC는 현재 수학과 과학 자료에 관한 최고의 저장고이다. 사이트를 잘 유지하고 수학과 과학 정보로 잘 포장해 놓았기 때문에 계속 좋은 사이트로 상을 받고 있다. 사이트에는 레슨, 활동, 상호작용적 웹사이트와 저널 기사가 수록되어 있다. 사이트 링크에는 Digital Dozen(매달 선정하는 13개의 최고 중의 최고 과학과 수학 사이트), Innovator of the Month(학생과 함께 학습을 재발명하는 교사에 초점을 두는 사이트), ENC Focus(현재 이슈가 되는 주제를 가르치는 자료)와 Lessons & Activities(기존 교육과정을 보충하거나 학급에 통합하는 웹사이트)가 포함되어 있다.

Internet Detectives

http://www.madison.k12.wi.us/tnl/detectives

이 프로젝트는 미국 전역 12개 학급의 공동 노력을 통해서 만들어진 것으로 전에는 2주에 한 번 발행물을 내었다. Madison Metropolitan 학군 내에서 그 형식을 갖춘 이래 지금은 Internet Detectives라는 이름으로 운영되고 있다. 1996~1997년에, 예를 들어 발명, 홀로코스트와 국가적 재난을 포함하여 과학, 수학과 역사에서 사이트 기록 문서를 수집하였다. 선정 기준을 독자를 위해 포함해 놓아 학생들이 유사한 기준을 사용하여 자신의 웹 페이지를 위해 인터넷 사이트를 파악하고 선택할 때 이 선정 기준을 사용할 수 있다.

NASA for Kids

http://www.wff.nasa.gov/~code850/pages/kidslinks.html

국립 항공우주국(National Aeronautics and Space Administration, NASA)은 학생들을 위해 개발한 다양한 링크와 페이지를 갖춘 훌륭한 웹사이트를 운영하고 있다. 학생들은 화성 밀레니엄 프로젝트, 우주여행, 국립 항공과 우주박물관(National Air and Space Museum)과 과학 소식 같은 주제에 관한 웹사이트에 접속할 수 있다.

Math Forum

http://mathforum.org

이 사이트는 주제별 수학 자료, 상급 및 대학 수준의 수학 자료와 주별 도전, 수학여행과 속임수를 포함하여 학생과 교사에게 포괄적인 자료 목록을 제공한다. 이 사이트는 모든 수준의 수학과 수학에 재능을 가진 학생의 차별화를 위해서 꼭 필요하다.

TERC

http://www.terc.edu

TERC는 비영리의 교육, 연구와 개발 기관으로 수학과 과학 학습을 증진하기 위해 설립되었다. 이 웹사이트에 학생들이 접속하여 할 수 있는 TERC 프로젝트, TERC 보고서들이 수록되어 있어 수학과 과학 교수와 관련된 여러 혁신적인 교수책략을 탐색할 수 있다. 가장 유명한 링크는 학급에서 직접 조작하고, 조사에 기초한 학습을 적용하는 발행물인 *Hands-on*으로 검색 프로그램에서 접속한다. 실제 활동을 하는 사람들이 직접 쓴 실용적이고 실제적인 기사가 풍부하며 적용하기 쉽다.

The Exploratorium

http://www.exploratorium.edu

네 가지 언어로 이용할 수 있는 Exploratorium 웹사이트는 샌프란시스코에 있는 상호작용적이며 직접 조작을 할 수 있는 박물관이다. 따라서 이 웹사이트가 여러 상을 받는다고 놀랄 일이 아니다. 매달 직원이 과학, 예술과 교육에서 "10개의 좋은 사이트"를 제시한다. 예를 들어, Neurosciences for Kids, Calendars Through the Ages, Citizen Kurchatov, DNA for Dinner, Project Primary, Understanding Color, Project Full Moon, Learning Matters of Chemistry 등이 있다.

The Mathman

http://www.shout.net/~mathman

이 웹사이트는 실생활 문제를 사용하여 그래프와 등식 같은 수학적 주제를 보여 준다. 한 가지 예가 되는 링크로서 초등학생을 위한 예제 산수 레슨이 있다. 이 사이트를 통해서 주문하는 교과서와 활동지에서 많은 정보를 얻을 수 있다.

Chance

http://www.dartmouth.edu/~chance

이 데이터베이스는 Chance 과정을 가르치는 데 도움을 주고자 기획한 자료를 수록해 놓고 있다. Middlebury College, Grinnell College, Spelman College, the University of California-San Diego, the University of Minnesota와 Dartmouth가 공통적으로 개발하였다. 본 데이터베이스의 목적은 학생들로 하여금 보다 정보를 많이 알고, 확률과 통계를 사용하여 현재 소식을 비판적으로 수용하는 독자가 되도록 하는 데 있다. 토론 사이트도 마련되어 있다.

Fibonacci Numbers and the Golden Section

http://www.mcs.surrey.ac.uk/Personal/R.Knott/Fibonacci/fib.html

이 사이트는 Fibonacci 수와 황금분할, 황금줄에 대한 200쪽에 달하는 정보를 수록하고 있다. Fibonacci 수의 세계를 퍼즐로 해서 Fibonacci와 파이(phi)의 수학 세계에 대한 흥미를 돋우고, 적용할 수 있도록 그 관련 자료와 링크를 소개하여 자연 속에서 볼 수 있는 Fibonacci 수와 황금분할을 정보 범주에 포함해 놓았다.

Ask a Biologist

http://askabiologist.asu.edu/research/index.html

고등학교 생물학도와 교사에게 적합한 이 웹사이트는 생물학자에게 생물학과 관련된 문제를 질문할 수 있도록 해 놓았다. 이름, 학교, 학년, 이메일 주소와 질문을 적고 제출한다. 그러고 나면 생물학자로부터 답변을 얻을 수 있다. 또한 여러 기사와 이미지로 되어 있는 것을 추측해 보는 갤러리도 이 사이트에 포함되어 있다. 레슨 계획을 위한 링크 외에 여러 웹사이트에 링크가 되어 있어 학생들이 숙제, 과학 대회 프로젝트, 사전 같은 자료 혹은 생물학에 대한 일반적인 지식을 얻도록 도움을 줄 수 있다. 상호작용적인 사이트는 쉽게 조정할 수 있고 보기에서 좋으며, SafeSurf 사이트는 인터넷 사용에서 생길 수 있는 사생활 보호와 윤리적 문제로부터 학생들을 보호한다.

Net Frog

http://curry.edschool.virginia.edu/go/frog

고등학생과 교사를 대상으로 하는 이 웹사이트는 실제 개구리 없이 개구리 해부를 해 볼 수 있는 지침이 수록되어 있다. 또한 여러 자료에 링크하여 개구리 해부와 인체 해부를 비교할 수 있으며, 개구리의 서식지에 대해 배울 수 있다. 이 사이트는 여러 가지 좋은 점이 있다. 첫째, 다루기 쉬워 링크에 접속하기 용이하며 시각적으로도 보기에 즐겁다. 둘째, 실제 개구리에 대한 전체 해부를 다루기 때문에 개구리 해부를 배울 때 그림, 교과서, 해설과 비디오 같은 여러 방법을 사용할 수 있다.

Mentorships/Telementoring

사사제와 원거리 사사는 과학에 열정을 가진 학생을 위해 사사를 제공해 준다. 사사는 지역 대학교/대학, 온라인, 사업체, 그리고 학생의 부모 중에서 찾을 수 있다. 다음과 같은 좋은 온라인 사사제가 있다.

Scientific America

http://www.sciam.com.askexpert_directory.cfm

Electronic Emissary

http://emissary.wm.edu

Telementoring Program

http://www.telementor.org

사회과학 관련 웹사이트

National Council for the Social Studies(NCSS)
http://www.ncss.org

이 웹사이트는 사회과학 교육에 관한 광범위한 자료이다. 홈페이지는 역사, 정치와 정부, 지리학, 인류학, 경제학, 정치과학과 사회학에 대한 엄청난 교사 자료 페이지로 가는 통로라고 할 수 있다. 홈페이지 링크는 사회과학 기준을 준수하며, 때로 열 가지 사회과학 주제(예: 문화, 개인적 정체성과 발달, 국제관계)로서 언급되기도 한다. 주제별 방문자에게 각 기준을 지원하는 인터넷 자료에 링크할 수 있도록 해 놓았다. 학생 프로젝트에 링크할 수 있는 홈페이지도 많으며 고무적이다.

History Matters
http://www.historymatters.gmu.edu

이 웹사이트는 미국 사회역사센터(American Social History Center)의 프로젝트이며, 미국 역사를 조사하는 고등학생과 대학교 강사를 위해 개발된 것이다. 이 웹사이트는 웹 자료로 가는 통로이며 독특한 교수 자료, 일차 자료를 제공하고, 미국 역사 지도에 대해서 토론을 제공한다. 링크 중 하나인 Many Pasts는 학생들이 완성한 연구 기반 프로젝트를 방문자에게 제공한다. 예를 들어, "할머니, 전쟁에서 무엇을 하였어요?"라는 프로젝트를 17살 난 로드아일랜드 주 학생들이 실시하였다. 이 학생들은 로드아일랜드 주에 거주하는 36명의 여성들을 인터뷰하여 제2차 세계대전 전, 동안, 후의 생활에 대한 회고담을 수집하였다.

Connecticut Historical Society
http://www.chs.org

코네티컷 역사학회는 하트포트에 위치하여 광범위하고 매우 좋은 웹사이트를 운영하고 있다. 역사대회, 박물관, 역사적 사실 사이트, 희귀본과 일기 및 편지와 같이 직접 작성한 자료를 포함하여 100,000권과 3,000,000개의 문서를 소장하고 있는 도서관 및 다양한 페이지에 링크할 수 있도록 해 놓았다.

도서관은 200,000개의 사전, 인쇄물과 코네티컷 사람, 장소와 사건에 대한 그림을 수록하고 있는 등 그래픽 수집 자료만으로도 막대하다. 교사들은 역사 연구의 여러 측면에서 도움을 받으려면 하트포트 직원에게 연락할 수 있다.

American Memory Historical Collection

http://memory.loc.gov

국립 디지털 도서관 프로그램의 주요 구성 부분인 미국 기념적 역사 수집(American Memory Historical Collection)은 디지털 문서, 사진, 음성 자료, 활동사진과 서적으로 이뤄져 있다. 70개 이상의 소장품이 있으며, 이 중 어떤 것은 선거, 이민, 대통령 취임식, 대통령과 여성 개척자 같은 주제를 연구한 것도 있다.

The History Net

http://www.thehistorynet.com

이 사이트를 통해서 변화하는 사고와 역사를 간직한 발견과 발명품을 탐색할 수 있다. 지도 제작과 탐험에서 차지하는 지도 제작의 역할도 포함되어 있다. 즉 사진, 인쇄와 과거를 기록하는 힘, 철도 및 사람과 대륙을 연결하는 철도의 힘, 망원경과 과거와 미래를 볼 수 있게 해 주는 힘 등이 있다.

Teaching About Turning Points in History

http://nationalhistoryday.org/03_educators/2000/teaching.htm

이 사이트는 학생들이 역사적 전환기에 대해 비판적으로 생각하고, 이들이 흥미를 가지고 있는 역사적으로 중요한 주제에 대해 연구를 시작할 수 있도록 책략과 자료를 제공한다.

대회 및 경시 관련 웹사이트

학생들로 하여금 흥미 분야와 관련이 있는 대회 및 경시에 참여하도록 권장한다. Joan Bergstrom과 Craig Bergstom이 만든 *All the Best Contests for Kids*(5th ed.), Scott Pendleton이 만든 *The Ultimate Guide to Student Contests, Grades 7-12*와 Frances Karnes와 Tracy Riley의 *Competitions: Maximizing Your Abilities*에는 여러 대회 및 경시대회가 수록되어 있다. 대회 및 경시대회를 학년 수준과 내용 영역별로 기술하고 나열해 놓았다. 경시대회를 평가하기 위해 다음의 지침을 사용한다.

1. 학년 수준의 학군 목표와 대회 목표의 적합성
2. 대회 산출물을 통한 과학 및 기타 과목 영역 내 연계성 강화
3. 연령 수준과 학생의 흥미, 대회와의 적합성
4. 학교 일정과 관련지어 대회 참여의 시기 적절성
5. 학교에서 구입할 자료와 부모 및 지역에서 제공해야 할 자료의 결정(Beltac, 1999).

History Day
http://www.nationalhistoryday.org

전국에서 실시하는 대회로서 학생들이 선택한 역사적 주제에 대한 프로젝트를 개발할 기회를 제공한다. 6~12학년의 학생들이 해마다 하는 주제 내에서(예를 들어 "Exploration, Encounter, Exchange in History"와 "Right and Responsibilities in History") 주제를 선택하고 개인 보고서, 집단 혹은 개인 전시물과 집단 혹은 개인 문서를 포함하여 여러 범주로 프로젝트를 개발한다.

Continental Mathematics League
http://continentalmathleague.hostrack.com

이 사이트는 4~8학년 학생용 수학대회를 포함하여 National Science League와 National Social Studies League 같은 여러 사이트로의 링크 외에

도 CML 대회, 고등학교 수학 계산 리그와 Java 컴퓨터 대회에 대한 정보를 제공한다.

Mathematical Olympiads for Elementary and Middle Schools

http://www.moems.org

Mathematical Olympiad는 4~8학년 학생을 위한 대회로서(대회 M은 4~6학년, 대회 E는 7~8학년), 비일상적인 수학 도전 문제를 통해서 학생의 수학에 대한 즐거움을 격려하고자 기획된 것이다. 다섯 개의 시간 제한이 있는 대회를 11월에서 3월까지 학생의 해당 학교에서 치른다.

Problem of the Day, Problem of the Week

"문제에 대해 생각해 보는 날" 혹은 "문제에 대해 생각해 보는 주"를 만든다. 예를 들어, Continental Math League 혹은 Math Olympiad 대회의 예전 문제를 수집해 놓았다. 부수적인 수학 문제에 관한 자료는 다음과 같은 것이 있다.

MindWare

http://www.mindwareonline.com/mwstore/index.cfm

Marcy Cook

http://www.marcycookmath.com

참고문헌

Archambaut, F. X., Jr., Westberg, K. L., Brown, S., Hallmark, B. W., Emmons, C., & Zhang, W. (1993). *Regular classroom practices with gifted students: Results of a national survey of classroom teachers.* Storrs: The National Research Center on the Gifted and Talented, University of Connecticut.

Baum, S. M., Renzulli, J. S., & Hébert, T. P. (1995). Reversing underachievement: Creative productivity as a systematic intervention. *Gifted Child Quarterly, 39*, 224–235.

Beltac, T. F. (1999). Sizing up science competitions. *Science and Children, 37*(1), 24–27.

Karnes, F. A., & Bean, S. M. (2004). *Process skills rating scales–Revised.* Waco, TX: Prufrock Press.

Reis, S. M., Burns, D. E., & Renzulli, J. S. (1992). *Curriculum compacting: The complete guide to modifying the regular curriculum for high ability students.* Mansfield Center, CT: Creative Learning Press.

Reis, S. M., Westberg, K. L., Kulikowich, J., Caillard, F., Hébert, T. P., Purcell, J. H., Rogers, J., Smist, J., & Plucker, J. A. (1992). *Technical report of the curriculum compacting study.* Storrs: The National Research Center on the Gifted and Talented, University of Connecticut.

Reis, S. M., Westberg, K. L., Kulikowich, J., Caillard, F., Hébert, T. P.,

Purcell, J. H., Rogers, J., Smist, J., & Plucker, J. A. (1993). *An analysis of the impact of curriculum compacting on classroom practices: Technical report*. Storrs: The National Research Center on the Gifted and Talented, University of Connecticut.

Renzulli, J. S. (1977a). *The enrichment triad model: A guide for developing defensible programs for the gifted and talented*. Mansfield Center, CT: Creative Learning Press.

Renzulli, J. S. (1977b). *The interest-a-lyzer*. Mansfield Center, CT: Creative Learning Press.

Renzulli, J. S. (1988). The multiple-menu model for developing differentiated curriculum for the gifted and talented. *Gifted Child Quarterly*, *32*, 298-309.

Renzulli, J. S. (1997). *Interest-a-lyzer family of instruments: A manual for teachers*. Mansfield Center, CT: Creative Learning Press.

Renzulli, J. S., & Reis, S. M. (1991). The reform movement and the quiet crisis in gifted education. *Gifted Child Quarterly*, *35*, 26-35.

Renzulli, J. S., & Reis, S. M. (1997). *The schoolwide enrichment model: A comprehensive plan for educational excellence*. Mansfield Center, CT: Creative Learning Press.

Renzulli, J. S., & Smith, L. H. (1978). *The compactor*. Mansfield Center, CT: Creative Learning Press.

Southern, T. W., & Jones, E. D. (1992). The real problems with academic acceleration. *Gifted Child Today*, *15*(2), 34-38.

Stanley, J. C. (1989). A look back at educational non-acceleration: An international tragedy. *Gifted Child Today*, *12*(4), 60-61.

Starko, A. (1986). *It's about time: Inservice strategies for curriculum compacting*. Mansfield Center, CT: Creative Learning Press.

Tomlinson, C. A. (1995). *How to differentiate instruction in mixed-ability classroom*. Alexandria, VA: Association for Supervision and Curriculum Development.

Tomlinson, C. A. (2000). *Differentiation of instruction in the elementary grades* (Report No. ED 443572). Champaign, IL: ERIC Clearinghouse on Elementary and Early Childhood Education.

Westberg, K. L., Archambault, F. X., Dobyns, S. M., & Salvin, T. J. (1993). *Technical report: An observational study of instructional and curriculum practices used with gifted and talented students in regular classroom.* Storrs: The National Research Center on the Gifted and Talented, University of Connecticut.

찾아보기

저자 소개

Sally M. Reis는 코네티컷 대학 교육심리학과의 교수이며 단과장으로서, 국립 영재교육연구소(National Research Center for the Gifted and Talented)의 주연구자로 재직하고 있다. Reis 교수는 또한 행정가 외에도 공교육에서 교사로 재직한 경험을 가지고 있다. Reis 교수는 130편에 달하는 기사, 11권의 책, 40권의 책의 공저 외 수많은 논문과 보고서를 기술하였으며 지난 15년 동안 연구팀과의 공동연구에서 350,000,000달러 연구기금을 유치하였다. Reis 교수의 관심 영역은 영재학생뿐 아니라 모든 학생의 재능 개발과 관련이 있다. 또한 영재와 이전에 영재로서 판별되지 않은 학생의 재능과 잠재성을 파악하는 방법으로 학교 전체 심화 모델(Schoolwide Enrichment Model)을 확대하는 데 관심이 있다.

Joseph S. Renzulli는 코네티컷 대학의 영재교육 교수이며 국립 영재교육연구소의 소장이다. 2000년 3월에 Renzulli 교수는 코네티컷 대학에서 Trustees Distinguished Professors의 6대 이사 중 하나로 선정되었다. Renzulli 교수는 영재교육, 교육심리와 연구 및 법과 교육 분야에서 편집위원을 역임하고 있다. 또한 백악관 Task Force on Education for the Gifted and Talented의 시니어 연구위원을 지낸 바 있다. Renzulli 교수는 미국 심리학회의 회원이며 국립 영재교육 학회(National Association for Gifted Children)와 코네티컷 대학에서 우수 연구자 상을 수상한 바 있다. Renzulli 교수의 주된 연구 관심은 영재교육과 일반 학교의 향상을 지향하는 판별과 프로그램 모델이다.

역자 소개

이미순 (uconnmisoon@korea.ac.kr)

- 동덕여자대학교 자연과학대학 아동학과(이학사)
- 연세대학교 생활과학대학 아동학과(문학석사)
- University of Connecticut 교육심리(철학박사, 영재교육전공

현) 인천대학교 과학영재교육연구소 특별연구원
고려대학교 교육대학원 영재교육 겸임교수
한국교육개발원 영재교육센터 연구위원
National Research Center for the Gifted and Talented(NRC/GT) 연구원

■ 저서 및 논문

- 영재상담(2008, 박학사)
- 교육과정 압축: 우수학생을 위한 정규교육과정 수정지침(2007, 박학사)
- 다중메뉴모델: 차별화된 교육과정 개발을 위한 실제적인 지침(2007, 박학사)
- 심화집단: 실제세계, 학생-주도적인 학습을 위한 실제적인 지침(2007, 박학사)
- 영재아 행동특성 평정척도(2007, 박학사)
- 재능개발을 위한 학교: 학교의 전반적인 개선을 위한 실제적인 계획(2007, 박학사)
- 종합재능기록표: 영재아 판별과 교육을 위한 체계적인 계획(2007, 박학사)
- 학습스타일 검사도구, 3판: 학생이 선호하는 교수방법 측정도구(2007, 박학사)
- 흥미도구들: 교사용 지침(2007, 박학사)
- 소외 영재 지도교사의 성공적인 지능 교수효능감(2006)
- 조기진급 및 조기졸업 유무에 따른 학업 동기와 자기조절적인 학습능력(2006)
- Effects of Cultural Orientation on Psychosocial Adaptation of Korean Americans(2007) 외

교육과정 압축

뛰어난 잠재력을 지닌 학생을 위한 차별화 전략

Curriculum Compacting:

An Easy Start to Differentiating for High-Potential Students

초판 인쇄 | 2009년 1월 5일
초판 발행 | 2009년 1월 10일
저 자 | Sally M. Reis & Joseph S. Renzulli
역 자 | 이미순
발 행 인 | 홍진기
발 행 처 | 아카데미프레스

주 소 | 122-900 서울시 은평구 역촌동 58-9
부호아파트 102동 상가3호
전 화 | (02)2694-2563
팩 스 | (02)2694-2564
웹 사 이 트 | www.academypress.co.kr
등 록 일 | 2003. 6. 18
I S B N | 978-89-91517-34-9

가격 6,000원